Alexandra Reinwarth

Was ich an dir liebe, Sohn

Alexandra Reinwarth

Was ich an dir liebe, Sohn

riva

Bibliografische Information der Deutschen Nationalbibliothek
Die Deutsche Nationalbibliothek verzeichnet diese Publikation in der Deutschen Nationalbibliografie; detaillierte bibliografische Daten sind im Internet über https://dnb.de abrufbar.

Für Fragen und Anregungen
info@m-vg.de

Wichtiger Hinweis
Ausschließlich zum Zweck der besseren Lesbarkeit wurde auf eine genderspezifische Schreibweise sowie eine Mehrfachbezeichnung verzichtet. Alle personenbezogenen Bezeichnungen sind somit geschlechtsneutral zu verstehen.

Originalausgabe
10. Auflage 2026

Türkenstraße 89
80799 München
Tel.: 089 651285-0

Umschlaggestaltung: Laura Osswald
Umschlagabbildung: Shutterstock/RoyStudioEU
Abbildungen Innenteil: Melanie Melzer, Shutterstock/RoyStudioEU
Satz: Satzwerk Huber, Germering
Druck: Florjancic Tisk d.o.o., Slowenien
Printed in the EU

ISBN Print: 978-3-7423-0092-8

Wir produzieren nachhaltig
www.m-vg.de

Für _______________,
meinen wunderbaren Sohn

Lieber ____________________________,

auch wenn es dich nun schon ______ Jahre in meinem Leben gibt, sehe ich dich manchmal immer noch staunend an und denke mir: du Wunder, du großartiges, einzigartiges Wunder.

Seit ich wusste, dass es dich geben wird, habe ich dich geliebt, um dich gefürchtet und dich beschützt – immer in der Hoffnung, dass du glücklich wirst und stark, dass du ein guter Mensch wirst und dass du dich in dieser Welt zurechtfindest. Es war eine der besten Aufgaben, die mir das Leben gestellt hat.

Nichts auf dieser Welt lässt sich mit dem vergleichen, was ich für dich fühle. Und wenn ich dir sage, dass ich dich liebe, dann sage ich das nicht aus Gewohnheit oder weil ich mir etwas erhoffe, sondern um dich daran zu erinnern, dass du das Beste bist, was mir je passiert ist.

Ich liebe dich.

Deine/Dein ____________________________

Als du am ________________ auf die Welt kamst und ich dich endlich das erste Mal im Arm hielt, war ich von Gefühlen überwältigt. Das waren nur einige davon:

♥ ______________________________

♥ ______________________________

♥ ______________________________

Und du sahst so ______________________________ aus!

Das Erste, was mir an dir auffiel:

____

____

____

Schon als Baby sahst du ...

- ☐ *mir ähnlich.*
- ☐ ________________ *ähnlich.*
- ☐ *zum Anbeißen aus.*

Was mir durch deine Geburt bewusst geworden ist:

____

____

____

Wenn ich dich als Baby beschreibe, fallen auf jeden Fall diese drei Wörter:

1. ______________________________

2. ______________________________

3. ______________________________

Was dich immer besonders fasziniert hat:

____

Das ist eines der ersten Fotos von dir:

Und dies ist eines der ersten Fotos von uns beiden:

Ich mag es besonders, weil ...

Das war lange Zeit dein Lieblingsspielzeug:

Ich kann mich noch genau an diese Babykleidung von dir erinnern:

Meine Gedanken, als ich erfuhr, dass du ein Junge wirst:

Wovor ich damals ein bisschen Angst hatte:

Wenn ich an diese Zeit zurückdenke, bedauere ich ein bisschen, dass ...

So einen Sohn wie dich, mein Herz, gibt es ...

☐ *überall.*
☐ *bestimmt nicht oft.*
☐ *ganz sicher nicht noch einmal.*

Ohne dieses Kuscheltier wolltest du nie schlafen:

____

____

Es war so süß, als du angefangen hast zu sprechen. ☺
Dein erstes Wort war:

Fast hätten wir dich so genannt:

Warum ich dir deinen Namen gegeben habe:

Wann du mich heute noch an den kleinen Jungen erinnerst, der du mal warst:

Du warst eher aus diesem Lager:

- ☐ rechtschaffener Cowboy, der für Ordnung sorgt
- ☐ wilder Indianer, der Erwachsene an den Marterpfahl fesselt

Drei Gründe, warum du der beste Sohn der Welt bist:

♥

♥

♥

Als du für diesen Star geschwärmt hast, habe ich mir ernsthafte Sorgen um deine zukünftige Partnerwahl gemacht:

Das ist mein Empfehlungsschreiben für dich:

Sehr geehrte Damen und Herren,

hiermit darf ich Ihnen mit größter Überzeugung und reinen Herzens Herrn ________________ für die Stelle als ____ empfehlen.
Ich kenne Herrn ________________ seit _________ Jahren und habe seine herausragenden Fähigkeiten im Bereich __________________________ erleben dürfen. Ich kenne keinen besseren ______________________ als ihn.
Wenn Sie nach jemandem suchen, der ________________ und ________________ kann, ist er der geeignete Kandidat. Es war mir eine wahre Freude, ihn __________________________ ____.

Mit freundlichen Grüßen

____

Wenn du Politiker wärst, würde ich dich sofort für dieses Amt vorschlagen: ________________________________

Weil: ____

____

____

Ein Abenteuer, von dem ich – Gott sei Dank – erst später erfahren habe:

Was dich immer von anderen Jungs in deinem Alter unterschieden hat:

Eine typische Jungssache, die du nie gemocht hast:

Ich weiß, dass du dafür von deinen Freunden besonders geschätzt wirst:

Als du auf die Welt kamst, habe ich mir gewünscht, dass diese Menschen ein Vorbild für dich werden:

___

___

Wünsche, die ich für dich hatte und die wahr geworden sind:

- ___
- ___
- ___

Du bist so viel ___ als du glaubst.

Vielleicht war ich manchmal etwas zu ___

___

Das tut mir leid!

Was du mal Lustiges über den Unterschied zwischen Jungs und Mädchen gesagt hast:

___

___

___

Du warst sehr sanft und vorsichtig im Umgang mit ...

___

___

___

Wenn ich die Augen schließe und an dich als kleines Kind denke, sehe ich dich ...

an diesem Ort: ______________________________

in dieser Kleidung: ______________________________

mit dieser Frisur: ______________________________

Und das tust du gerade: ______________________________

Ein ganz typischer Charakterzug von dir, der sich schon gezeigt hat, als du noch klein warst:

____

____

Und damit hast du mich oft zum Lachen gebracht:

____

____

Das Teuerste oder Wichtigste, das du als Kind kaputt gemacht hast:

____

____

Damals dachte man, dass man das mit Kleinkindern unbedingt machen soll:

____

- [ ] *Ich habe mich daran gehalten.*
- [ ] *Einen Teufel habe ich getan.*

Besonders gern hast du das hier gegessen:

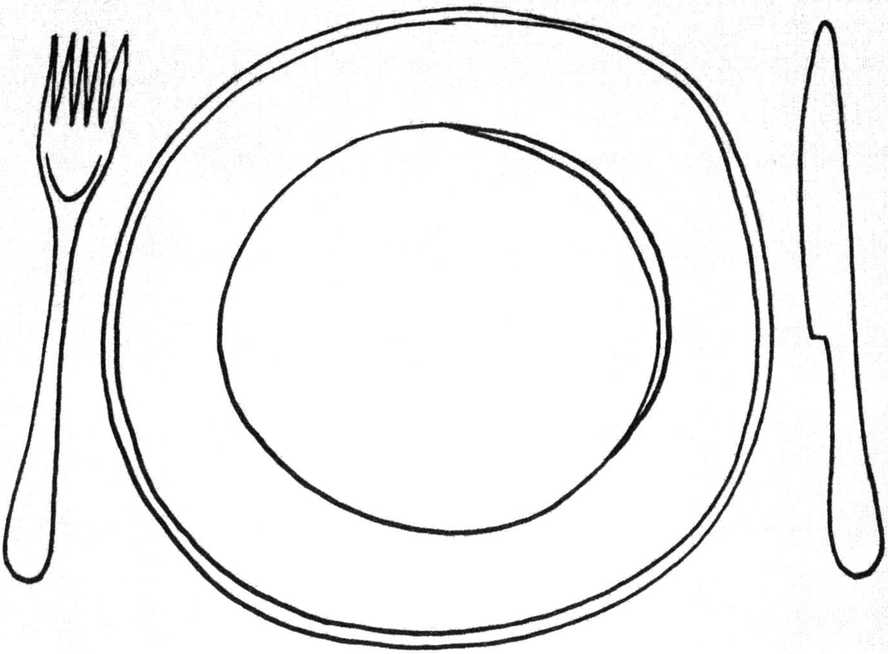

Das hat dir überhaupt nicht geschmeckt:

Was ich dir immer gekocht habe, wenn du krank warst:

Welchen Spitznamen ich dir gern gegeben habe:

Wenn ich die heutigen Eltern und ihre Kinder sehe, wünsche ich mir manchmal, dies wäre zu der Zeit, als du klein warst, auch schon so gewesen:

Anders herum ist das hier ein Vorteil, den wir damals hatten:

Das süßeste Geschenk, das du mir als Kind gemacht hast:

Und das schönste Geschenk, das du mir im Erwachsenenalter gemacht hast:

Diesen Erwachsenen aus unserem Umfeld mochtest du als Kind sehr gern:

Diese Person konntest du überhaupt nicht leiden:

Ein Erziehungsziel, das ich mir gesetzt hatte:

Ich glaube, das hat ...

- [ ] *funktioniert.*
- [ ] *nicht so gut funktioniert.* ☺

Womit du mir manchmal den letzten Nerv geraubt hast:

Heute denke ich lächelnd daran zurück.

Dieses Buch war lange Zeit dein Lieblingsbuch:

Und dieses Märchen hast du besonders gern gehört:

____

____

Wenn ich dir eine Geschichte erzählt habe, musste darin immer ______________________ vorkommen.

Du warst so niedlich – vor allem, wenn du ...

____

____

Welches Lied wir immer gemeinsam gesungen haben, als du noch ein Kind warst:

Meine liebsten Kinderfotos von dir:

Was eine Kinderseele aus jedem Blick verspricht,
so reich ist doch an Hoffnung ein ganzer Frühling nicht.

(August Heinrich Hoffmann von Fallersleben)

In diesem Spiel warst du unschlagbar:

Deine Geburtstage haben wir meist so gefeiert:

Eine Anekdote aus deinem Kindergarten:

Wovor du als kleines Kind immer Angst hattest:

Und ich weiß, dass du davor heute noch Angst hast:

Was ich gern mit dir unternommen habe, als du noch klein warst:

Dinge, die ich heute wahnsinnig gern mit dir unternehme:

- ♥
- ♥
- ♥
- ♥

Deine allerbeste Freundin/Dein allerbester Freund aus deiner Kindheit hieß

Ganz ehrlich,

- ☐ ich mochte sie/ihn.
- ☐ ich mochte sie/ihn nicht so.

Die unglaublichste Lüge, die du mir als Kind je aufgetischt hast:

____

____

____

____

____

Diesen Bären habe ich dir aufgebunden:

____

____

____

____

Und das nur, damit du ...

____

____

Ich dachte immer, du wirst mal diesen Beruf

ergreifen: ______________________________

Weil: ______________________________

____

Du hingegen wolltest ______________________________ werden.

Ein Bild, das du mal für mich gemalt hast und das mir besonders in Erinnerung geblieben ist:

Das habe ich immer vor dir versteckt, als du klein warst:

Ich kann mich erinnern, dass dir das schon damals total leicht fiel:

Etwas sehr Wahres, das einer deiner Lehrer mal über dich gesagt hat:

Die größte Freude konnte man dir als Kind damit machen:

Das haben wir zu Hause total gern gebastelt:

Und das war eine wirklich liebenswerte Macke von dir:

Eine Eigenschaft, die du von mir geerbt hast:

Ich bin froh, dass du das nicht von mir geerbt hast:

Diese Eigenschaft hast du von ______________ geerbt:

Und ich weiß nicht, woher du das hast:

Eine Situation, in der du mir als Kind sehr leidgetan hast:

Hier haben wir gewohnt:

Was du immer unbedingt in deinem Kinderzimmer haben wolltest:

____

____

Was du mal Spektakuläres angestellt hast:

____

____

____

____

Einmal hatte ich große Angst um dich, nämlich als ...

____

____

____

____

Wenn ich daran denke, wie du als Kind ________________

____,

läuft mir immer noch das Herz über.

Wenn ich einen Tag aus deiner Kindheit noch mal mit dir erleben könnte, dann diesen:

____

____

____

Manchmal warst du ganz schön wild. Dieser Unfall ist mir besonders in Erinnerung geblieben:

Fünf Dinge, die du als Kind ganz besonders toll fandest:

☺
☺
☺
☺
☺

Fünf Dinge, die du als Kind ganz besonders schrecklich fandest:

☹
☹
☹
☹
☹

Kannst du dich an diesen Urlaub erinnern?

Ich fand ihn besonders, weil ...

____

____

Das war in: ______________________________________

Du warst damals ___ Jahre alt und mit dabei war(en):

____

Damit konnte ich dich immer erpressen:

- [ ] Schokolade
- [ ] Eis
- [ ] Kekse
- [ ] ____________________

Daran hast du als Kind ganz fest geglaubt:

____

____

____

____

____

Womit du oft stundenlang gespielt hast:

____

____

Ich liebe dich mehr als ...

- [ ] Pfannkuchen.
- [ ] Sonnenuntergänge.
- [ ] alles auf der Welt.

Ich bin so froh, dass du dir das aus deiner Kindheit bewahrt hast:

____

____

Ein Kind ist eine sichtbar gewordene Liebe.

(Novalis)

Etwas, das ich damals gemacht habe und das mir heute noch ein schlechtes Gewissen bereitet:

Tut mir leid!

Nur gut, dass du trotzdem ...

- ☐ *einigermaßen okay*
- ☐ *ganz nett*
- ☐ *so wunderbar*

geworden bist!

Eine Sendung, die du gern im Fernsehen angeschaut hast, und die es heute leider nicht mehr gibt:

Worauf ich besonders stolz war, als du noch ein Kind warst:

Und worauf ich besonders stolz bin, wenn ich dich heute ansehe:

Natürlich wusste ich, dass du heimlich ...

Und dieses Geheimnis habe ich auch herausgefunden:

Wenn du sehr wütend warst, dann hast du ...

Ich gebe es ungern zu, aber das kannst du viel besser als ich:

Ich habe versucht, das von dir fernzuhalten, als du klein warst:

Wenn ich daran denke, wie es bei uns zu Hause manchmal zuging, kann man sich gar nicht vorstellen, dass du so ________________ geworden bist!

Hätte man dir als Kind einen Haufen Geld gegeben, hättest du sofort das hier gekauft:

Hätte man dir als Teenager einen Haufen Geld gegeben, hättest du sofort das hier gekauft:

Und ich weiß, wenn du genug Geld hättest, würdest du dir heute sofort das hier kaufen:

Deine Pubertät, mein Engel, war für mich ...

- [ ] *kein Zuckerschlecken.*
- [ ] *eine Art Naturkatastrophe.*
- [ ] *ein langer, schwarzer Tunnel.*

Damit hast du mich in Nullkommanichts auf die Palme gebracht:

Und damit habe ich dich in Nullkommanichts auf die Palme gebracht:

Welche Kleidungsstücke mir während deiner Pubertät ein Dorn im Auge waren:

Eine wirklich kreative Ausrede, die du mir als Teenager aufgetischt hast:

Ein Foto aus deiner Teenager-Zeit, das einfach alles sagt:

Das war einer der Momente, in dem ich gemerkt habe, wie erwachsen du geworden bist:

Ich glaube, das war in deiner Jugend schwieriger als in meiner:

Und das leichter:

Ich finde, du siehst besonders schön aus, wenn du ...

Ein Ausflug, den wir unternommen haben und an den ich gern zurückdenke:

Was damals so unglaublich schön war:

Das hier war eines unserer schönsten Weihnachtsfeste:

Darauf sind ______________________________

Das war im Jahr ______________________________

Ich weiß sogar noch, was ich dir damals geschenkt habe: ______________________________

Was bei uns an Weihnachten auf keinen Fall fehlen durfte:

Immer, wenn ich diesen Gegenstand in die Hand nehme, muss ich lächeln und an dich denken:

Ich liebe das Gesicht, das du machst, wenn ...

Niemand kann sich wirklich ein Leben mit Kindern vorstellen, und nachdem sie geboren sind, kann sich niemand mehr ein Leben ohne sie vorstellen.

(Unbekannt)

Ich finde es sehr mutig, dass du das durchgezogen hast:

Mein aktuelles Lieblingsbild von dir:

Und mein Lieblingsbild von uns:

Eine Entscheidung von dir, die ich richtig klug fand:

Es würde mich nicht wundern, wenn du das eines Tages wahr machst:

Und ich finde es beeindruckend, wie viel du über

weißt.

Ich hätte dir gern irgendwie dabei geholfen:

Danke, dass du diesen Tag zu etwas Besonderem gemacht hast:

Danke, dass du mir immer gern dabei hilfst:

Und danke, dass du mir erklärt hast, wie das hier funktioniert:

(Auch wenn ich es noch immer nicht so richtig verstanden habe. ☺)

Eine tolle Eigenschaft von dir, die man nicht auf den ersten Blick erkennt:

Kannst du dich erinnern, als wir zusammen vor Lachen fast vom Stuhl gefallen sind? Das war, als ...

Und über diese Sache können wir erst jetzt im Nachhinein lachen:

An deiner Art, mit Menschen umzugehen, gefällt mir besonders,

Wenn du mit deinen Freunden zusammen bist, finde ich es schön, wie du ...

Vor anderen gebe ich mit dir an, indem ich sage:

Komplimente, die ich von anderen über dich gehört habe:

♥

♥

♥

Wenn ich morgen im Lotto gewinne, kaufe ich dir sofort das hier:

Und dann noch das:

Diese schöne Überraschung hast du mir mal gemacht und das werde ich nie vergessen:

Wenn du dich nach meinem Geschmack kleiden würdest, sähe das so aus:

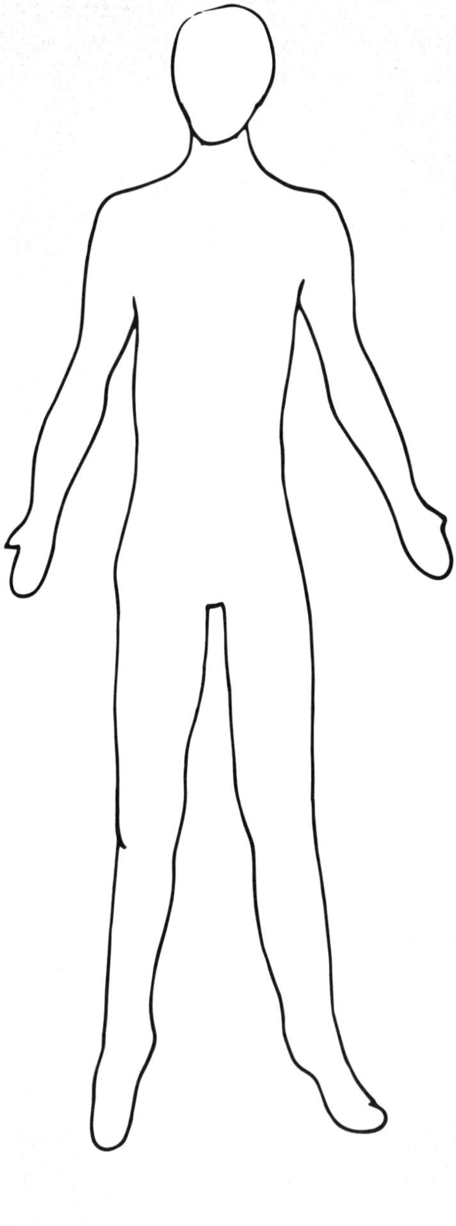

Ich hab es gern, wenn du mich ________________ nennst.

Ich war zu Tränen gerührt, als du ...

Womit du mich immer wieder an deine Großeltern erinnerst:

Manchmal sehe ich dich an und kann immer noch nicht fassen, dass du erwachsen bist. Mir ist, als wäre es erst gestern gewesen, dass du ...

Ich war froh, dass du dabei warst, als ...

Eine Lebensweisheit, die ich dir unbedingt vermitteln wollte:

Und eine Weisheit, die ich von dir gelernt habe:

Ich schüttle immer noch lächelnd den Kopf, wenn ich daran denke, wie du ...

Was du als Kind einmal gesagt hast und was mich sehr nachdenklich gemacht hat:

Weißt du noch? Das war ein toller Tag!

Das hast du mal gesagt und es hat mich sehr gerührt:

Das hast du mal getan und es hat mich sehr gerührt:

Ein Foto, zu dem ich dir eine Geschichte erzählen möchte:

Und zwar diese:

Ich vermisse dich besonders, wenn ...

Ich bin so froh, dass du ...

nie ______,

immer ______,

manchmal ______.

Das ist dein größtes Talent:

____

Jeder Buchstabe deines Vornamens steht für ein Wort, das dich ausmacht (zum Beispiel steht »s« für stark und »t« für temperamentvoll).

☐ steht für ____________________________

☐ steht für ____________________________

☐ steht für ____________________________

☐ steht für ____________________________

☐ steht für ____________________________

☐ steht für ____________________________

☐ steht für ____________________________

☐ steht für ____________________________

☐ steht für ____________________________

☐ steht für ____________________________

☐ steht für ____________________________

☐ steht für ____________________________

☐ steht für ____________________________

☐ steht für ____________________________

Welche historische Persönlichkeit du locker hättest ersetzen können:

____

____

Erst hatten wir uns,
dann hatten wir dich,
und seitdem haben wir alles.

(Unbekannt)

Es ist schön, dass es Dinge gibt, die wir beide mögen. Zum Beispiel:

☺ ______________________________

☺ ______________________________

☺ ______________________________

Und diese Dinge mögen wir beide nicht (auch Namensnennungen möglich):

☹ ______________________________

☹ ______________________________

☹ ______________________________

Dieses kleine gemeinsame Ritual mit dir habe ich besonders gern:

____

____

____

____

____

In diesem Moment deiner Zukunft möchte ich gern bei dir sein:

Über wen ich mit dir immer wieder herrlich lästern kann:

Ein Moment, den ich nie vergessen werde:

Ein cooler Trick, den ich von dir habe:

Wenn die gute Fee mir drei Wünsche erfüllen würde, dann wünschte ich für dich:

1. ______________________________

____

____

2. ______________________________

____

____

3. ______________________________

____

____

Wir wohnen so weit auseinander: ____________________

Aber du bist mir so nahe wie ____________________

Ich hab dich lieb, bis hierhin und zurück:

Wenn ich dich mit nur einem Wort beschreiben müsste, wäre dieses das treffendste:

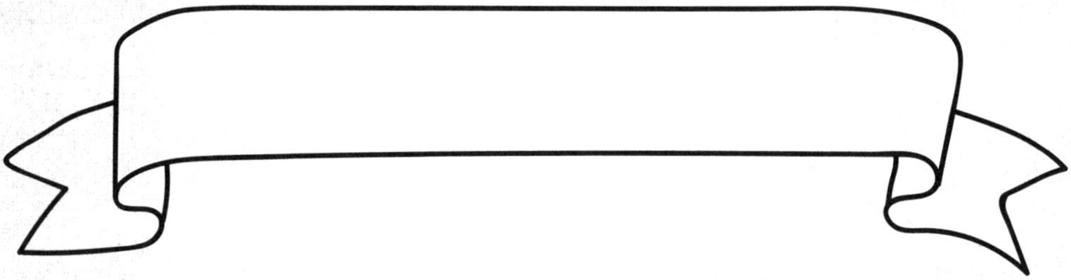

Ohne dich wäre mein Leben deutlich ...

- ☐ grauer.
- ☐ einsamer.
- ☐ langweiliger.
- ☐ chaotischer.
- ☐ ernster.
- ☐ ____________________

Daran merke ich, dass ich dir wichtig bin:

Ich finde, du hast einen tollen Geschmack in Sachen ...

Ich genieße es, mit dir das hier im Fernsehen anzusehen:

Ich wünschte, du könntest dich einmal durch meine Augen sehen. Du bist so viel ______________ als du glaubst.

Dieses Gedicht kennst du vielleicht noch gar nicht, aber ich möchte es dir gern mit auf den Weg geben:

Ich sehe dir gern zu, wenn du ...

In deinen Nachrichten, die du mir schreibst, mag ich besonders ...

Meine Lieblingsnachricht von dir:

Ein Geruch, den ich immer mit dir in Verbindung bringe:

Das habe ich von dir über das Glück gelernt:

Das ist eine ganz typische Phrase von dir:

Ich gebe zu, da habe ich dich ein bisschen unterschätzt:

Das hier bleibt immer unter uns, versprochen:

In welcher Erinnerung ich gern schwelge:

Wenn es dich nicht gäbe,

Das hier, sagst du, kannst du nicht:

- ☐ das stimmt
  ☐ das stimmt nicht
- ☐ das stimmt
  ☐ das stimmt nicht
- ☐ das stimmt
  ☐ das stimmt nicht
- ☐ das stimmt
  ☐ das stimmt nicht

Ich werde immer zu dir halten ...

- [ ] egal, was du tust.
- [ ] auch wenn du ______________________________
- [ ] solange du nicht ______________________________

Eine Erfindung, die praktisch extra für dich gemacht worden ist:

____

____

____

In dieser Sportart könntest du Großes erreichen:

____

____

Niemand außer dir wird jemals die Stärke
meiner Liebe zu dir kennen.
Schließlich bist du auch der einzige Mensch,
der weiß, wie sich mein Herz von innen anhört.

(Unbekannt)

In Sachen ______________ hätte sogar ______________ noch was von dir lernen können!

Wie ich die bisherige Wahl deiner Partner finde:

- [ ] entsetzlich
- [ ] hervorragend
- [ ] okay
- [ ] ______________________

Ich wusste gleich, dass es mit ______________ etwas Ernsteres werden würde. ☺

Die lustigste Geschichte, die du mir mal erzählt hast:

____

____

____

____

____

____

Ich finde es schön, dass du in deiner Partnerschaft ...

____

____

____

Das kannst du besser als jeder andere Mensch auf diesem Planeten:

____

____

____

Was ich manchmal denke, wenn wir nebeneinander gehen und ich in einem Schaufenster unser Spiegelbild sehe:

____

____

____

Ich weiß, ich bin dir hin und wieder zu ...

______________________________.

Aber in Wahrheit magst du das doch. ☺

Glaub mir, dafür wirst du nie zu alt sein:

____

____

____

____

____

Du bist ein Held, mein Kind!

Denn ______________________________

____

____

____

____

Du siehst fast wieder aus wie damals als Kind, wenn du ...

Ich weiß, du hast Angst, dass ich ...

Ich passe schon auf, versprochen!

Was ich mag, wenn ich mit dir einkaufen gehe:

Ich finde, das ist wirklich eine herausragende Eigenschaft von dir:

Müsste ich uns ein Familienwappen entwerfen, dann sähe das so aus:

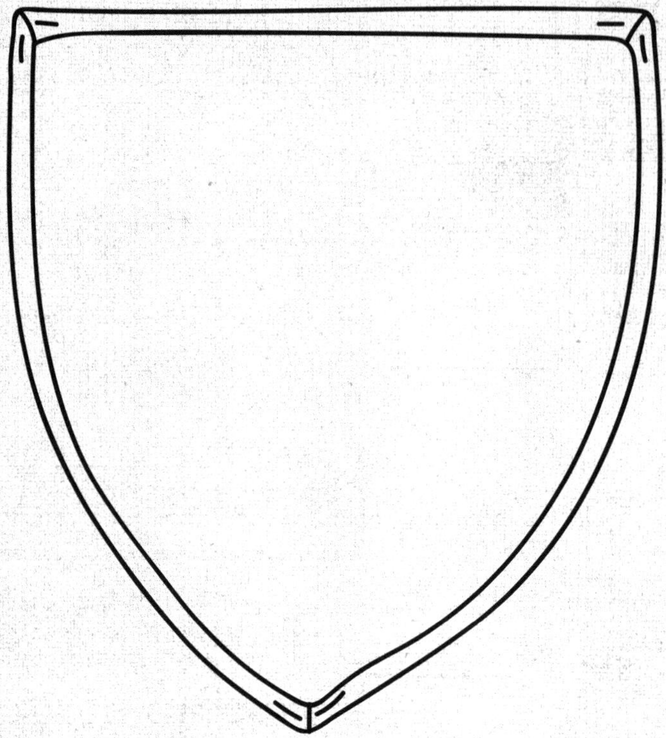

Und darauf stände:

Danke, dass ich immer auf dich zählen kann! Vor allem, wenn ...

Diese Landschaft charakterisiert dich am besten:

☐ Wald
☐ Meer
☐ Berge
☐ Wüste
☐ Regenwald
☐ Steppe
☐ Gletscher
☐ ____________________

Weil:

____

____

____

____

Das Netteste, das du mal vor anderen über mich gesagt hast:

Wenn alle so wären wie du, wäre die Welt viel ...

____

____

____

Wenn du ein Tier wärst, dann vermutlich ...

____

Weil:

____

____

Weißt du noch, als es mir wegen ________________

nicht so gut ging? Du hast mir damals sehr geholfen,

indem du ______________________________________

____

____.

DANKE!

Es ist immer so lustig, wenn du davon erzählst:

____

____

____

____

____

____

Diese Jahreszeit passt am besten zu dir:

In diesem Film könntest du mitspielen:

Und in diesem Buch könntest du auftauchen:

Diese Farbe verbinde ich am meisten mit dir:

Und diese Pflanze:

Wenn du traurig bist ...

- [ ] *schmerzt mir das Herz.*
- [ ] *weint der Himmel.*
- [ ] *bin ich es auch.*
- [ ] *möchte ich dich trösten.*

Wenn du lachst ...

- [ ] *strahlt mein Herz.*
- [ ] *geht die Sonne auf.*
- [ ] *muss ich mitlachen.*
- [ ] *bin ich glücklich.*

Für diese Eigenschaft bewundere ich dich:

Kinder sind eine Brücke zum Himmel.

(Aus Persien)

Manchmal mache ich mir Sorgen, dass du ...

So viel von meinem Herzen gehört dir:

Würde ich dich nicht kennen und dich heute das erste Mal auf der Straße sehen, würde ich denken:

Durch dich habe ich viele tolle neue Dinge kennengelernt, zum Beispiel ...

- diesen Film: ______________________
- diesen Song: ______________________
- diese App: ______________________
- dieses Buch: ______________________
- diesen Ort: ______________________
- dieses Essen: ______________________
- diesen Menschen: ______________________

Was du besser vorausgesehen hast als ich:

____

____

____

____

____

Das war ein echtes Abenteuer, das wir zusammen erlebt haben:

____

____

____

____

____

____

____

Damit habe ich dir mal unrecht getan: ______________

Tut mir leid!

Würdest du mir irgendwann mal zeigen, wie man ...

Ich verwöhne dich gern hiermit:

Ich werde immer dein Gesicht in Erinnerung behalten, als das hier passiert ist:

Du sagst immer, das hier sei ein Schönheitsmakel an dir:

Ich finde, erst dadurch wirst du besonders schön!

Ich rede gern mit dir über ...

Du sahst so glücklich aus, als ...

Ich bin froh, dass du diesen Trend nicht mitmachst:

Etwas, das ich dir bisher noch nie so gesagt habe:

Von deinen Kindern lernst du mehr, als sie von dir.

(Friedrich Rückert)

Ich finde es nicht selbstverständlich, dass du ...

Wenn du zu Hause bist, besorge ich extra viel ...

Wusstest du, dass dich ______ bewundert?

Und zwar dafür:

Es war so schön, als du mir das hier erzählt hast:

Ein Schnappschuss, der mich immer lächeln lässt:

Ich würde jederzeit und um jede Uhrzeit bis hierhin fahren, wenn du mich brauchst:

Gäbe es dich nicht in meinem Leben, hätte ich nie ...

Das hier in meinem/unserem Zuhause erinnert mich immer an dich: __________

Ich sehe es jeden Tag __________ mal an.

Es wäre schön, wenn du es nicht einfordern würdest, aber für dich würde ich sogar ...

Woran wohl jeder, der uns sieht, merkt, dass du mein Kind bist:

Ich mag es, wenn du das zur Verabschiedung am Telefon sagst:

Woran jemand Außenstehendes sofort erkennt, dass ich mit dir telefoniere und nicht mit jemand anderem:

Weil ich dich wirklich gut kenne, werde ich dir das hier nie schenken:

Was ich gern unbedingt mal wieder mit dir unternehmen würde:

Was ich dich noch nie gefragt habe, aber gern wissen würde:

Solange die Kinder klein sind, gib ihnen Wurzeln;
sind sie älter geworden, gib ihnen Flügel.

(Indisches Sprichwort)

Ich liebe diesen typischen Humor von dir:

Was ich dir für deine Zukunft von Herzen wünsche:

Wenn es dir mal nicht so gut geht, denk immer daran:

Du darfst mich immer anrufen, auch wenn ich gerade ...

- ☐ schlafe.
- ☐ im Dienst bin.
- ☐ in der Badewanne liege.
- ☐ mit Freunden ausgehe.

In welcher Zeitschrift du eine Kolumne schreiben könntest:

Ich finde es liebenswert, dass du immer mal wieder dieser Schwäche nachgehst:

Diese Neuigkeit habe ich zuerst dir erzählt:

Gäbe es ein Buch über dich, hätte es diesen Titel:

Welcher berühmten Person du ein bisschen ähnlich bist:

Mit diesem Hollywoodstar könntest du ein schönes Paar abgeben:

Wir sollten unbedingt mal ...

- [ ] eine Kreuzfahrt machen.
- [ ] mit einem Wohnmobil auf Tour gehen.
- [ ] am Pool eines 5-Sterne-Hotels liegen.
- [ ] mit der Machete durch den Urwald streifen.

Dein Lieblingswitz:

Und wie ich ihn finde:

- [ ] zum Brüllen
- [ ] so lala
- [ ] Oh Gott!

Mit dir an meiner Seite fühle ich mich

immer ______________________________ Jahre jünger!

Aber glaub mir, du hast mich auch schon um Jahre

altern lassen, zum Beispiel, als du ...

____

____

____

____

____

____

____

____

Womit du unsere Familie besonders bereicherst:

- [ ] Technik-Verständnis
- [ ] Kreativität
- [ ] Zuverlässigkeit
- [ ] Geduld
- [ ] Umarmungen
- [ ] Humor
- [ ] Jugendlicher Frische
- [ ] ______________________________

Worauf ich mich besonders freue, wenn wir uns sehen:

____

____

____

____

____

Ich glaube, niemand außer dir mag dieses Getränk:

Als Märchengestalt wärst du ...

___

Weil:

___

___

___

___

Das verdienst du auf jeden Fall:

- [ ] ein Erdbeereis
- [ ] eine Umarmung
- [ ] alles Glück der Welt und ein Erdbeereis obendrauf

Ich versuche dich hier zu porträtieren, lach bloß nicht:

Was mir am meisten fehlt, seitdem du kein kleines Kind mehr bist:

____

____

____

Ich weiß noch, wie ich dir diese Dinge beigebracht habe:

- ☐ Fahrradfahren
- ☐ die Uhr lesen
- ☐ Schuhe binden
- ☐ deinen Namen schreiben

Eigentlich warst du noch viel zu klein, aber im Alter von ___ Jahren wolltest du das unbedingt lernen:

____

____

____

____

Und diese Dinge habe ich dir im Laufe der Jahre auch beigebracht:

- ______________________________________
- ______________________________________
- ______________________________________
- ______________________________________
- ______________________________________
- ______________________________________

Diese Dinge habe ICH von DIR gelernt, als du älter warst:

- ____________________
- ____________________
- ____________________
- ____________________
- ____________________
- ____________________

Die Zeit verging viel zu schnell. Vor allem als du zwischen ________ und ________ Jahre alt warst.

Du bist so hübsch wie ...

____

Und so stark wie ...

____

Und so mutig wie ...

____

Und so lieb wie ...

____

Und so klug wie ...

____

Und das Beste: Du bist mein Kind!

Ich bin mir sicher, dass du bei dieser Show auf jeden Fall gewinnen würdest:

- [ ] Wer wird Millionär
- [ ] Die Höhle der Löwen
- [ ] Das perfekte Dinner
- [ ] Dschungelcamp
- [ ] Let's Dance
- [ ] Deutschland sucht den Superstar

Müssten wir beide auf eine einsame Insel, würden wir das mitnehmen:

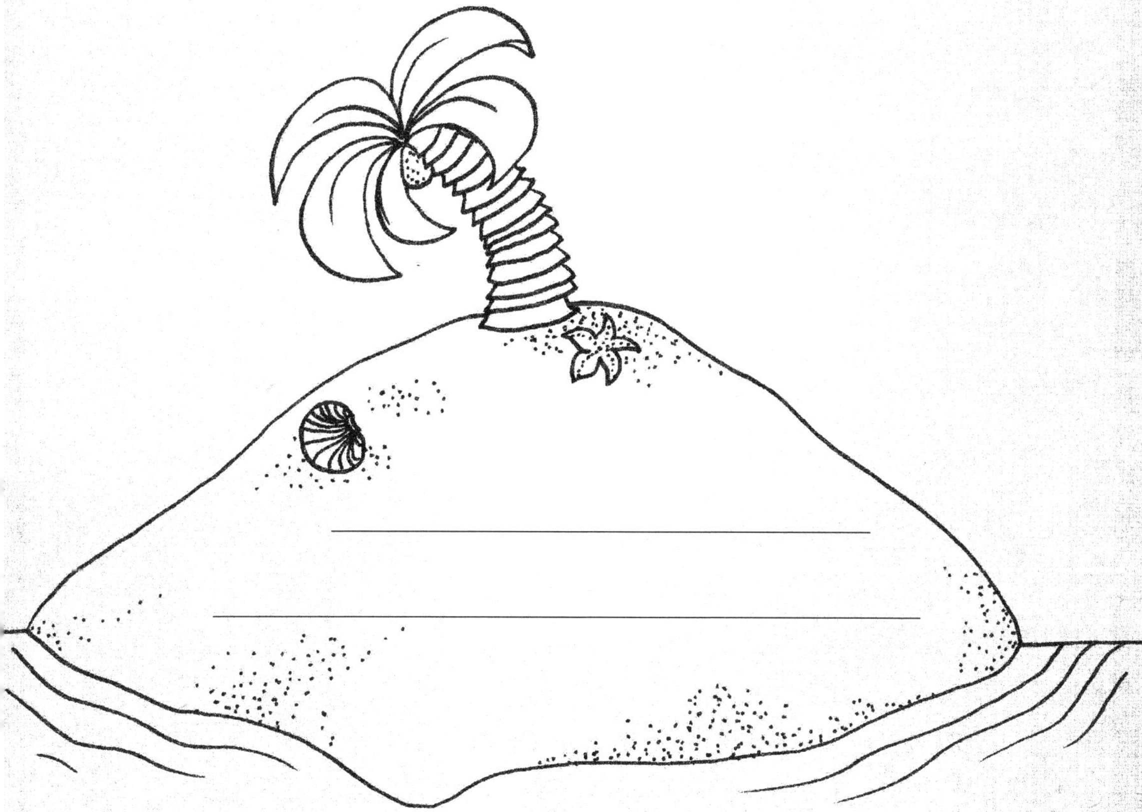